양님을 그리워하다

차례

지상의 천국

마치 기적 같다…아니면 적어도 꿈 같은 일이다. 중국 남부의 대학에서 학생들에게 성경을 가르치며 7년을 보낸 후 아내와 나는 서울로 옮겨가 퇴직 전 몇 해를 보내기로 했다. 한국은 3만 명 이상의 탈북자들이 있는 곳이고, 이들은 (북한에서 국경을 넘은 다음) 중국을 거쳐 고생 끝에 결국 남한으로 온 사람들이다. 그래서 고향과 가족과 친구를 떠나온 이런 사람들의 친구가 되어 사랑을 나누고 그들을 사랑하시는 하나님에 대해 가르쳐주고자 했던 것이다. 커버넌트 대학교 3학년이던 막내 아들 데이비드는 우리가 서울에 있을 때 엘스베스와 나를 찾아왔다. 여러 해 전에 나 역시 태어나서 커버넌트 대학교로 공부하러 가기 전까지 한국에서 살았으므로 자연스럽게 데이비드에게 예전에 내가 살던 곳을 보여주고 싶었다.

오래 전, 한국전쟁이 끝나고 얼마 지나지 않은 시절, 한국 남부에 있던 우리 집에서 서울까지 가려면 연기 나는 기차를 타고 장시간 힘들게 가야 해서 저녁 때 기차에서 내릴 때쯤에는 지치고 후줄근한 모습이 되었다. 그러나 오늘날은 내 고향 광주로 가는 여행이 초고속 열차로 4시간이면 가능해져서, 그 옛날 내 기억 속 여행과 비교하면 믿기지 않을 만큼 편해졌다. 그래서 2019년 크리스마스 며칠 전, 엘스베스와 데이비드와 나는 친절한 한국인 목사 친구와 함께 정시에 출발하는 광주행 기차에 올랐다. 내가 기억하는 5-60년 전과는 천지 차이이다. 광주에 도착하자마자, 우리는 이제는 게스트하우스가 된 옛 선교사 커뮤니티에 머무를 수 있었다. 바로내가 자라난 곳이다. 그 게스트하우스는 딕 뉴스마(Dick Nieusma) 가족의 집이었다.

딕 아저씨는 탁월한 치과의사였다. (그리고 한편으로 언어에 능통한 사람이기도 했다.) 그분은 불소도 없던 그 시절에 우리의 치아 건강을 유지시켜 주었다. 아저씨의 아들 폴은 좋은 친구였고, 우리가 함께 문제를 일으킨 적도 꽤 있다. (폴과 관련하여 재미있는 추억은 그 가족이 미국에서 휴가를 마치고 돌아온 직후의 일이다. 스콧 브랜드의 휴지를 잔뜩 가지고 왔는데, 그것은 한국에서 귀중한 물품이었다. 그 물건이 다락에 쌓여 있었다. 폴과 나는 이 휴지를 다른 선교사들에게 팔아서 돈을 벌 생각을 떠올렸다. 착한 아들 답게 폴이 어머니에게 허락을 구했다. 어머니는 "가게 놀이"를 하는 것으로 생각하고 기꺼이 허락을 해 주셨다. 그래서 우리는 집집마다 다니며 이 귀중한 두루마리 휴지를 다른 선교사들에게 팔았다.

감사하게도, 어머니들 중 한 분이 재빨리 상황을 알아채고 폴의 어머니에게 전화를 해서, 우리가 금방 큰돈을 벌려는 계획을 즉시 중단시켰다.) 나는 광주에서 데이비드에게 곧바로 내 어린시절을 가능하면 많이 보여주고 싶은 마음이 간절했다. 내가 사랑하는 집이 있던 곳 (현 호남 신학대학교 자리), 옛 유진 벨 교회 건물. 그 지하에는 (선교사 자녀들의 엄마들이 운영했던) 우리 초등학교가 있었다. 베스 디트릭 아주머니의 지도를 받아 나의 멋진 테니스 경력이 시작된 흙 바닥 테니스 코트. 아주머니의 남편 로니는 우리 아버지가 일했던 광주기독병원의 외과의사였다. 그리고 끝으로 선교사 유진 벨이 시작한 역사적인 광주양님교회가 있다. 교회를 휙 둘러보고 가려할 때 걸어다녔더니 어디 앉아서 커피를 마시며 기운을 차려야 했다. 그때 바로 Abison Café가 근처에 있는 것이 보였다. 거기 카페가 있었다는 것도 잊어버리고 있었는데. 완벽하네, 필요할 때 바로 그 자리에 있구나. 생각했다. 우리는 계단을 올라 카페로 들어갔다.

그리고 그때 바로 기적이 일어났다. 우리가 카페로 들어갔을 때, 엘스베스, 데이비드, 김목사와 내가 왼쪽을 바라보았다. 진열장에는 약 30점의 작은 그림들이 오밀조밀하게 모여 있었다. 카페 문을 들어서면서 나는 멈추어 서서 그 그림들을 다 보려고 하지 않았다. 단 한 점만이 눈길을 끌었다. 왜 그런지 작은 그림 한 점에 눈길이 바로 가 닿았다. 특별히 눈길을 사로잡지도 않는 칙칙한 회색이었지만, 뭔가 신기한 점을 발견했다. 그것은 오래된 회색 집 그림이었는데, 세상에나, 정말 우리 옛날 집과 꼭 닮았네, 라고 생각했다. (근 45년 전에 헐린 집이었다). 하지만 대체 누가 우리집 모습을 알겠는가? 아마도 그저 묘한 우연이겠지. 그림마다 한국어로 짧은 설명이 붙어 있었다. 놀랍게도 그 그림 설명은 이러했다. "양림동 선교회 내 고허번* 원장 집 옆 거주." 뭐라고? 대체 누가 50년 전에 우리집 옆에 살았다는 말인가? 그렇다면 딱 한 집뿐이다. 그 집의 가장은 우리집 정원을 훌륭하게 가꾸고 장을 보고 우리를 돌보아주었으며, 다른 많은 일도 처리해주었다. 그림들 우측에는 "구입을 원하시는 분은 이 번호로 연락 주세요."라는 공지문이 있었다. 전화번호 옆에 있는 이름은 조미화였다! 미화는 우리집 일을 해주시던 그분의 딸이었다. 유일하게 옆집에 살던 가족의 딸. 이게 가능한 일인가? 50년이 지난 지금, 정말로 내가 기억하는 그 어린 소녀가 맞다는 말인가?

우리는 그 번호로 전화를 걸었고, 몇 분 후 중년의 여인이 카페로 들어왔다. 내가 그녀 쪽으로 향하여 서로 바라보다가, 우리는 머뭇거리며 이름을 불렀다. 그리고는 둘 다 눈물이 터져 나왔다. 친구를 50년 동안 보지도 못했고, 어디 사는지도 모른 채 그 세월 동안 아무런 소식을 듣지 못했다. 그런데 여기 미화가 있었다. 우리는 함께 탁자에 앉아 울었다. 미화는 우리 모두에게 그림을 한 점 한 점 설명해주었다. 어린시절을 함께 보냈으므로 모든 그림이 그녀의 어린시절이자 내 어린시절이었다. 미화는 모든 것을 기억하고 이 그림들 안에 담아냈다. 나는 미화를 아주 어린 소녀로 기억한다. 내 동생 필립과 놀기 위해 찾아와서는 한마디 말도 하지 않았던 아이. 그러나 분명히 그럼에도 불구하고 미화는 그 모든 것을 기억 속에 흡수했던 것이다.

특별히 놀랍고, 신기했던 것은 미화가 엘스베스와 나처럼 지금은 서울에 살고 있었다는 것이다. 그녀는 우연히도 우리와 같은 주말에 고향에 내려왔다. 그녀는 자신의 그림들을 수백 개가 넘는 카페가 있는 대도시에서 우리가 들어간 바로 그 카페에 걸었다. 그림을 걸고 나서 바로 우리가 걸어 들어갔다. 그리고 미화가 전시한 모든 그림들 중에서 바로 그 작품…글자 그대로, 놀라운 기억을 환기시킨 그 한 작품에 내 눈길이 머물렀다. 우리는 정말 그런 일이 생겼다는 게 믿기지 않았다. 그렇지만 실제로 일어났다. 우리가 직접 경험하지 않았다면 가능하다고 믿지 못했을 일이다!

본문에서는, 한편으로 우리의 과거를 부활시킨 미화의 훌륭한 그림 작업에 바치는 헌사이자, 다른 한편으로 1960년대 한국에서 외국인의 삶이 어떠했는지 관심을 가질 만한 사람들과 내 아이들에게 내가 자란 이야기를 나누려는 의도에서 몇 년 전 우리가 들어갔던 카페에 전시했던 미화의 그림 30점에 설명을 붙였다. 글을 쓰다 보니 50-60년이 지나 기억이 다소 희미해진 것을 깨달았다. 그리고 (미화 자신까지 포함하여) 그곳에 있던 다른 사람들은 아마 다르게 기억하거나 나와는 다른 경험을 했을지도 모른다. 이 이야기들은 단순히 그 시절과 장소에 대한 내 기억이자 여러분과 나누는 이야기이다. 작은 스냅 사진에 담은 듯한 이 이야기들을 즐겁게 보아주시면 좋겠다.

조미화 인사말

양님동 선교회내 고허번 원장 집 옆 거주.
양림동 뒷동산의 유년 시절
그림을 그리기 시작하였다.

양님덕 (楊林宅) 조미화 (CHO MIHWA) 趙美華

은행

우물

목장. 포플러. 감나무밭 .....

타잔소녀

고아원의 시작: 윌슨사택 마당

아델교회
제중병원
치과
(기독병원)
수위실
양림다리
오거리

드럼통 세탁기 / 석유때는 냉장고 / 아이스크림 만들기

루이스 카딩턴

이 책은 1960년대 한국의 광주에서 함께 자란 친구
조미화에게 영감을 받아서 썼다.
이 책을 미화에게 바친다.
본문에서는 미화와 관련된 흥미로운 이야기를
나누고자 한다.

그레이 하우스

우일순사택. 근대문화유산사적지 1호

내가 어릴 때 광주에 있던 미국 남부 장로교인들은 모두 “선교 단지”(공동체)에 살았다. 그곳은 당시 한국에서 네 번째로 큰 도시 안에 자그마한 산에 위치해 있었다. 단지 중앙에 단단하고 오래가는, 어딘지 우아한 모습의 윌슨 선교사 사택이 있었다. 선교 단지가 위치한 작은 산은 선교사들이 일찍이 좋은 가격에 구입한 것이다. (아마 몇 백 달러 정도였을 것이다). 한국인들은 산이 집을 짓거나 살기 좋은 장소가 아니라고 여겼기 때문이다. 윌슨 선교사 사택은 결국 1900년경에 회색 벽돌로 지어진 아홉 채의 선교사 주택 가운데서 끝까지 남았다.

윌슨 박사는 이 지역의 가장 초기 선교사 가운데 한 분으로 후일 광주기독병원이 된 병원의 발전에 중요한 역할을 했다. 내가 어릴 때, 그 집에는 로날드 B. 디트릭(Ronald B. Dietrick) 가족이 살았다. 우리가 로니 아저씨라 불렀던 그분은 광주기독병원의 외과 과장이었고 나중에 우리 아버지가 병원장 직에서 물러난 후에 병원장을 맡았다. 디트릭 가족의 집 뒤쪽 입구에는 선교사들의 “우편실”이 있어서, 우편배달부가 산을 올라 우편물을 배달하면 디트릭 가족이 미국 고향에서 온 편지들을 분류해서 집집마다 다니며 우편함에 넣어주었다. 아주 충실하게 일주일에 한번 우리는 외할머니 ‘나이나이(NaiNai)’에게서 온 항공우편물을 받았다. 할머니는 당시 퇴직 후 남캘리포니아 클린턴에 사셨다. 할머니의 편지에는 항상 마무리에 “Devotedly(극진하게)”라는 말이 있었는데, 할머니는 정말 그런 분이었다. 감사하게도, 미군은 선교사들이 군대의 “APO” 서비스를 이용하게 허용해주어서 우리는 미국에서 오는 일반 우편물을 몇 주 안에 받을 수 있었다. 다른 경우라면 일반우편 배송에 몇 달이 걸리거나 아예 못 받기도 하던 때였다. 디트릭 가족의 집 현관 쪽 위층 방에서는, 내가 유일한 학급 친구 린다 벨 린턴과 함께 초등학교 과정 산수를 공부하느라 끙끙거렸다. (아마 5학년이었을 것이다…) 린다의 가족은 한국에서 일하던 장로교 선교사들 중 전설적인 집안이었다.

베스 디트릭 아주머니는 커피잔을 손에 들고, 안경을 코에 걸치고, 우리에게 수학을 세심하게 가르쳤다. 그녀는 엄격하고, 진지하고, 장난기 없는 교사였으며, 한편으로는 재미있으면서 테니스와 스포츠에 열정적인 사람이기도 했다. 아주머니는 모든 선교 단지 학생들에게 테니스를 가르쳤다. 나는 테니스를 무척 좋아하게 되어서 결국은 기숙 고등학교 KCA의 테니스 팀에서 뛰게 되었고 나중에는 커버넌트 대학에서 별도의 테니스 프로그램을 운영하게 되자 그 팀에서도 활동했다. 고교와 대학에서 모두 테니스 트로피를 받았는데 운동 능력이 뛰어나서가 아니라 학교가 작아서 그랬던 것 같다.

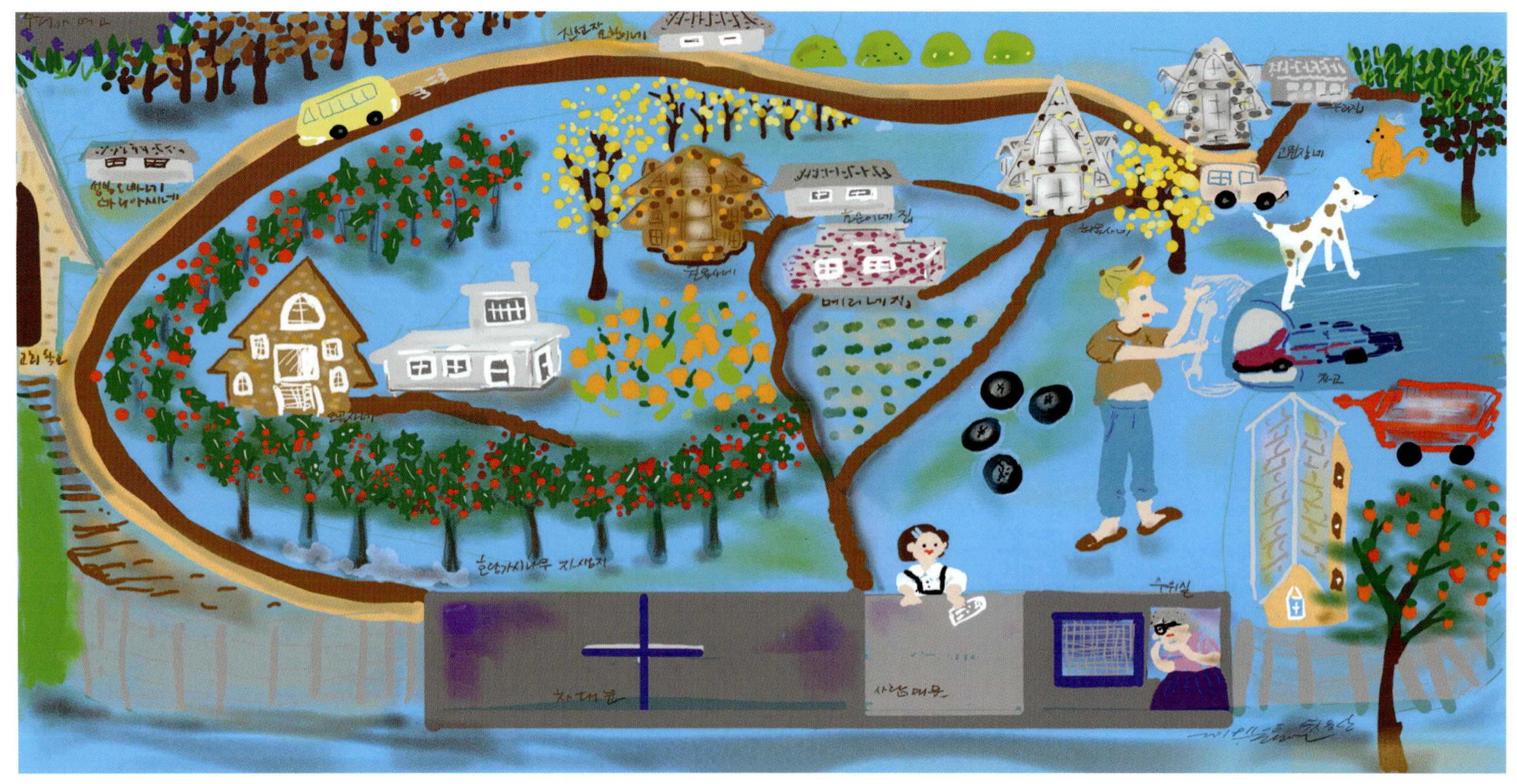

선교 단지 배치도

수위실.....양림동 108번지 (선교사내) 우리집 주소였다.우편물과 사람, 차는 수위실을 통해서 들어 갈 수 있었다. 지금은 카페와 주택이 들어서 있다.

미화는 장로교 단지의 배치를 기억에서 되살려 훌륭하게 그려냈다. 제일 왼쪽(거의 그림 밖으로 나간 듯)에는 역사적인 유진 벨 기념교회가 있다. 학교, 교회, 병원을 시작하는 데 중요한 역할을 했던 초기 선교사들 가운데 한 분, 유진 벨을 기리기 위해 지어진 곳이다. 위층에는 커다란 개방형 공간이 있어, 예배, 식사, 졸업식, 학교 연극 등을 거기서 했다. 아래쪽 지하층에는 우리 광주 미국인 초등학교를 구성하는 4-5개의 교실이 있었다. 그 바깥쪽에는 바로 대형 흙 바닥 테니스장이 있었다. (나중에 바닥 포장을 했다).

거기서 나는 테니스를 배웠고 학교 휴식시간을 가지며, 다른 게임들도 했다. 그림의 오른쪽 위 구석에 미화네 집이 있다. (그 집 강아지 빙고가 바깥에 앉아 있다). 그리고 그 왼쪽에 우리 집이 있다. 광주기독병원은 그림 맨 아래 길 건너에 보인다. 묘지는 그림의 위쪽 언덕 꼭대기에 있다. 이 모두가 멋진 추억이다!

카딩턴 가족의 집

고허번 기독병원장 집앞에서 아버지는 고원장집 집사일을 하셨다. 선교사의 생활은 그당시 귀족같아서 보통의 월급보다 많았고 사택을 주었다.

많은 밭농사도 주었으나 소유권은 주지 않았다. 1974 년은 우리 가정에 많은 일이 일어났다.

고원장님이 방글라데시로 의료 봉사 이주를 함으로써 우리는 서울로 오게 되었다. 서울에서 차 타고 내려온 언니네와.

이 집은 회색 벽돌로 지어진 원래의 선교사 주택 중 하나로, (미국에서 보낸 세 번의 안식년 기간을 제외하고) 1974년에 대학 생활을 위해 미국으로 떠나기 전까지 내가 자라고 살던 곳이다. 우리 가족은 1959-1960년은 내시빌에서, 1965-1966은 노스캐롤라이나 주 윌밍턴에서, 1970~1971은 애틀랜타에서 안식년을 보냈다. 그리고 한국에서는 내가 7학년부터 12학년까지 대부분 집을 떠나 대전 소재 한국기독교아카데미에서 학교 생활을 했다. 내 기억이 맞는다면, 이곳은 우리가 오기 전에 레비 박사님 집이었다. 그는 새로 생긴 광주병원(처음 이름은 '그레이엄 기념병원')의 치과의사였다. 그곳은 내 집이었고 나는 그곳을 사랑했다. (왼쪽 나무울타리 뒤쪽) 앞마당에는 잔디가 깔려 있었다. 손으로 심고 낫으로 잘라내야 했던…그러다가 어느 날 우리는 신문물을, 바로 밀고 다니는 회전식 칼날 잔디깎이를 구했다. 가끔 앞마당에서 크로켓 경기를 하고, 옥외 생일 파티도 하고, 한번은 (아버지가 편지를 써서 초대한) 코리 텐 붐(Corrie Ten Boom) 여사가* 등장하여 앞마당에 모인 선교사들에게 강연을 했다. 우측의 계단 위로는 커다란 현관 포치가 있었다. 거기서는 도시의 아름다운 전망이 내려다보이며 앞으로는 저 멀리서 광주시 위쪽으로 솟아오른 무등산이 보였다.

우리는 포치에서 놀았다. 집에서 만든 탁구대를 설치하고 더운 여름에는 거기서 식사를 하고 때로는 포치에서 생일 파티도 했으며 거기서 호두 껍질도 깠다. 포치 한쪽 끝 계단을 내려가면 우리집 (측면) 뒷마당으로 이어졌다. 거기에 그네와 외줄 그네가 있었고, 구슬치기를 하고 놀았으며, 우리가 기어올랐던 커다란 팽나무도 있었다. 집에서 맨 빨랫줄, 좋아하던 은행나무도 있어 나는 거기 날쌔게 올라가 내 이름 머리글자를 자주 새겨놓곤 했다. 집의 뒷문은 우리집 요리사, 세탁부, 정원사 등이 사용했다. 그 문은 부엌으로 통했다. 부엌 바로 앞에 발이 쳐진 포치 안쪽에 구식 세탁기, 투박한 목재 캐비닛이 있어 그 안에 식품류와 감을 저장해두고, 등유로 가동하는 미지근한 냉장고가 있었다. 안에는 얼음 트레이 하나가 들어갈 정도의 작은 "냉동실"도 있어, 그 얼음은 아버지가 병원에서 짬을 내어 나와 집에서 점심 드실 때 주로 이용했다. 옥순이가 부엌의 주인이었다. 내 기억으로는 옥순이는 내내 우리집 요리사였고, 우리는 옥순이를 마치 가족처럼 생각했다. 10대에 결혼해서 폭력적인 남편에게서 도망쳐 나와 우리 집에 들어온 후 20여 년을 함께 지냈다. 아시아에서는 옥외의 먼지를 집안으로 들이지 않으려고 모두가 집에서 신발을 벗는다. 옥순이는 가끔 맨발로 나녔는데 뭉툭하고 작은 발가락이 게의 집게발 같았다. 아주 강인하고 어쩌다 걸리적거리는 우리를 물러나게 하려고 사용하면 아프게 꼬집히는 것 같았다. 부엌에는 마실 물을 끓여 담아둔 커다란 물주전자가 있었다. 배부분이 불룩한 석탄 난로가 있어 그 위에 물을 끓일 수 있었다.

또한 부엌에는 등유를 쓰는 버너를 두고 요리를 했다. 우리 음식은 재료부터 시작해서 온전히 그 부엌에서 만들었다. 옥순이가 우리가 모든 음식을 만들고 쿠키, 빵, 케이크까지 구웠다. 과일과 채소를 전부 우리 밭에서 길러 먹었다. 고기는 정원사 아저씨가 시장에서 산 채로 사서 자전거에 묶어 가져왔다. 집에 와서는 잡아서, 털을 뽑고, 비늘을 벗기고, 필요한 다른 온갖 손질을 해서 조리할 준비를 해주었다. 왼쪽으로, 부엌을 통해 집의 나머지 공간으로 가면, 팬트리가 있고 그 너머에 식당이 있었다.

팬트리에는 식품, 케이크, 파이, (옥순이가 우리들 안 보게 잘 감춰둔) 쿠키, 캔에 든 딸기잼과 다른 물품들이 갖추어져 있었다. 부엌 오른쪽에 난 문도 있어서, 그 문을 통해 집의 다른 쪽으로 들어갔다. 바닥은 거칠게 다듬어 어두운 색으로 칠한 합판을 깔아서 가끔 밟을 때 발에 가시가 박히기도 했다. 부엌에서 나와 오른쪽 문으로 가면 구불구불한 계단을 통해 어둡고 눅눅하고 약간 지저분하며 부분적으로 콘크리트로 덮인 지하실로 이어졌다. 그 아래 어둠 속에는 등유를 저장한 50갤론짜리 강철 드럼통이 있었다. 원래는 미국에서 우리 옷과 다른 물품들을 배로 실어오는 데 사용했던 통이다. 그리고 지하실 전면 벽에는 집의 난방과 조리에 사용하는 연탄이 쌓여 있었다. 그 아래에는 항상 커다란 쥐 몇 마리도 숨어 있어서, 나는 대개 지하실에 오래 머무르고 싶지 않았다. 때로는 우리가 그곳에 토끼들을 잡아두었고, 언젠가는 아버지가 그 지역 도자기 공방에서 투박한 도자기 물레를 사와 지하에 있는 방 한 군데에 설치했다. 자식들 중 한 명이 미켈란젤로처럼 재능을 보일 거라는 공상을 하셨다. 누나 줄리가 실제로 도예를 꽤나 잘 했다. 그리고 누나의 이름을 이어받은 내 딸 줄리도 도자기를 아주 잘 만드는 걸 보니 이름을 잘 지은 것 같다. 부엌 바깥 쪽 지하실 문을 지나가면 또 다른 문이 있었다. 이 문은 어둡고 구불구불한 계단을 지나 위층으로 이어졌다.

여기서 아들들은 근근이 살아가는 것 같은 모습이 되어버렸다. 각 방에는 천장에서 내려온 전등 하나가 있고, 잠은 휘어지고 낡은 군용침대에서 잤다. (비 오는 날에 바깥에 빨래를 널지 못하면) 간간이 빨래가 걸려 있었다. 우리가 들어가 놀고 기어서 통과하기도 했던 (정말 무서웠던) 기울어진 지붕 밑, 그리고 큰 쥐들이 아무 데서나 나타나 우리 생활 공간을 공유하던 곳. 더운 여름 밤에는 모기들이 윙윙거리며 우리를 물어뜯고, 차가운 겨울 아침이면 잠에서 깨어 입에서 하얀 김이 나오는 것을 보았다. 어릴 때 내게는 위층이 유달리 무서운 장소였다. 내 방으로 가는 것이 심한 벌 같았다. 깜깜한 어둠 속에서 계단을 올라야 했다. 그럴 때면 항상 눈을 반짝이며 나를 쳐다보는 쥐들을 의식했다. 그리고는 일단 계단의 꼭대기 오르고 나서는, 길고 어두운 복도를 지나서 마침내, 결국은 더듬거리다가 천장에 매달린 (전등이 그 전에 수명이 다하지 않았다는 가정하에) 전등 줄을 손으로 잡아당겨 어두운 세상에 빛을 밝혔다.

아래층 나머지 부분은 몇 개의 침실과 두 개의 욕실(하나는 부모님 방에 딸린 것), 벽난로가 있는 식당(추운 겨울에 옹기종기 모여 밤을 구워 먹기 딱 좋은 장소…당연히 그런 순간들이 좋은 추억으로 남았다!) 낡은 업라이트 피아노와 소파 두 개가 있는 거실이 있었다.(소파는 정말 오래된 카시트였으나…나는 그게 아주 평범하다고 생각했다). 거실에는, 집에서 만든 책꽂이 맨 아래 칸에 1965년경 발간된 세계 대백과가 빛나는 흰색 장정으로 꽂혀 있었다. 나는 그 모든 지도와 사진들을 들추어보기를 무척 좋아했지만 그 안에 적힌 내용을 제대로 알지는 못했다. 저녁이면, 우리는 대개 바싹 붙어 앉아서 아버지가 손때 묻은 RSV 성경(나중에는 굿 뉴스 성경)을 읽어주시는 소리를 들었다. 아주 오래된 '가죽' 덮인 전축도 있었다. 내 생각에는 엄마의 자랑이자 기쁨이었지만, 엄마가 실제로 음반을 트는 모습을 본 기억은 확실치 않다.

전축 아래쪽 캐비닛에는 1940년대와 1950년대 음악이 실린 음반들이 갖추어져 있었다. 물론, 아이였을 때 그런 음반들은 그때 막 인기를 얻기 시작한 비틀즈나 비치 보이스와는 비교가 되지 않았다. 거실에는 꾸준히 손님이 드나들었다. 과할 정도로 정이 많은 우리 아버지와 함께 기도를 하거나 고민을 털어놓거나 그저 시간을 보내려고 오는 그 동네 사람들이었다. 어떤 사람들이 우리 집으로 통하는 흙길에 자전거를 타고 올라오면 우리집 아이들은 정말 신이 났다. 아시아에서는, 다른 집에 방문할 때 선물을 가져가는 풍습이 있었다. 이런 선물 중에는 벽에 거는 장식품이나 한국식 기념품, 혹은 제철 과일 등이 있었다. 우리집 아이들이 가장 좋아했던 방문객은 "작은 장로님(Little Elder)"이었다. 체구가 작고 열정적인 분으로 우리 집에 와서 아버지와 가장 길게 기도를 하시던 분이다…아이들은 근처에서 꼼지락거리며 알이 굵은 밤, 잘 익은 감, 달콤한 수박, 또는 다른 제철 과일이 우리를 기다리는지 궁금해했다. 집에 아이들이 여섯이다 보니 집안이 꽤나 즐겁고 시끄러웠다. 그러나 아버지에게는 그 정도가 충분하지 않았던 것 같다. 아버지는 때에 따라 불량배들, 폐렴으로 거의 죽어가는 환자, 거리의 아이들, 매춘부나 소리를 지르고 병원 직원들이 지해야 했던 미친 여자들까지 집에 들여 한동안 함께 살았다.

그런 사람들 때문에 나는 겁에 질리기도 했다. 물론, 우리 가족은 이 모든 것에 익숙해져서 나는 자라면서 모든 집안에 이런 사람들이 함께 사는 것으로 생각했다. (불쌍한 아내는 내가 그녀의 인생으로 들어가 함께 살기 시작했을 때 어떤 상황이 펼쳐지는지 전혀 몰랐다...) 돌아보면, 부엌문 너머에, 반쯤 땅에 묻힌 콘크리트 벙커 같은 것이 있었다. 나는 항상 그것이 사용하지 않는 하수 탱크라고 생각했다. (그런데 형은 나에게 오래된 물탱크에 가까웠다고 알려주었다.) 우리는 그곳에 마당에서 파온 흙을 일부 채우고 바닥을 평평하게 만든 후, 그 안에 온갖 동물들을 키웠다. 노아가 봤다면 흐뭇하게 고개를 끄덕였을 것이다. 염소, 거위, 토끼, 오리, 비둘기 (실제로 지붕위에 새장을 두었다), 그리고 내가 기억도 못하는 다른 동물들, 쥐까지도 있었다. 이 동물원의 대부분은 우리 형 허브의 담당이었다.

허브는 노아의 유전자를 한두 개쯤 이어받은 것이 분명했다. 뒷문 바깥에는, 벙커 너머로 끝없는 가능성을 담은 언덕이 있었다. 우리는 거기에 캠프를 치고, 외줄 그네를 매달고 (언젠가 내가 거기서 떨어져 언덕 밑으로 휙 날아가 잠깐 기절한 적이 있다), 고구마를 심고, 불을 피우고 갖가지 일들을 했다. 언덕 위로 더 올라가, 블렉베리 덩굴을 지나면 우리 정원사 아저씨(미화 아버지)가 정성껏 가꾸었던 넓은 밭이 나왔다. 그곳에서 아저씨는 옥수수, 딸기, 완두콩, 대두, 아스파라거스, 당근, 그리고 내가 기억하지 못하는 다른 것들도 많이 길렀다. 전체적으로 보면, 그곳은 멋지고 흥미진진하고 때로는 무서운 곳이었다. 우리집. 이 세상에서 나는 그곳을 얼마나 사랑했는지 모른다.

카딩턴 하우스와 그네

허목사네 집. 눈에 진드기달린 포인터는 나보다 컸다. 인형같은 수지를 보려고 친구들이 놀러 왔었다.

실제로 내가 기억하는 것과는 조금 다르고, 뻗어 나온 정면 포치가 없지만 우리집의 한 장면이다. 밖에 그네가 설치되어 우리 누나 줄리와 메리 페이지가 타고 있다. 그렇지만 내가 그곳에 있을 무렵에 그네는 없어지고 오래된 프레임만 남아 있었다. 나는 자라면서 “그네 세트” 란 단순히 오르락내리락 할 수 있는 금속 프레임을 말하는 건가보다 생각했다. 그 자체로도 물론 재밌었다. 언제나 등장하는 “빙고” 와 우리집의 다른 개, 포인터 견종 “프리스키” 도 보인다.

(내용 정정: 내가 어렸을 때 이 집은 사실 G. 토미 브라운스 가족의 집이었다. 여러 채의 집들이 비슷해 보였는데 우리집에는 실제 그네가 있었고 두 딸과 개 두 마리가 있었다. 앞 글의 혼란을 양해해주시기 바란다.)

수선화 언덕

우리집 언덕에는 수선화가 가득했다. 노란 수선화, 상아색, 여러 송이, 은방울 모양...갖가지 수선화가 피었다. 봄이 오면 늘 수선화에 눈길이 간다.

우리 앞마당을 가로지르면 나오는 낮은 언덕에 엄마가 엄청나게 많은 수선화를 심으셨다. 엄마가 얼마나 그 꽃들을 좋아하고 거기서 기쁨을 얻으셨는지 기억한다. 아버지도 언덕 중간에 존경하는 자신의 아버지를 기리는 작은 나무를 심으셨다. 할아버지는 너무 일찍 세상을 떠나셨다. 우리 아이들은 언덕 위를 그저 즐겁게 뛰어다니며 놀았다. 엄마가 애지중지하는 꽃들이야 어찌 되든 말든 신경쓰지 않았다.

옥순이

옥순이 이모 최고의 세프, 고허번 원당집 요리사.

어릴 때 우리가 세상에서 가장 좋아했던 사람들 중에는 우리집의 친절하고 다정하고, 작고 귀여운 요리사 옥순이가 있었다. 나는 자주 부엌을 돌아다니며 옥순이가 라디오에서 나오는 전통 한국 음악을 들으면서 조리대에서 빵 반죽을 밀거나 이런저런 채소를 잘게 다지며 열심히 일하는 모습을 보았다. 본인의 가족은 없이 낯선 외국인들을 위해 일을 했으니 옥순이의 삶은 조금 외로웠을 것이다. 그러나 (우리가 짜증나게 해서 집게발 같은 발톱으로 우리를 쫓아오게 되는 일만 아니면) 그녀는 대부분 우리에게 다정했고 최고의 음식을 재빨리 만들어주었다. 내가 아파 누워 있으면 설탕을 잔뜩 넣은 차를 가져다주던 일이 지금도 기억난다. 회복기에 접어드는 데는 그만한 치료제가 없었다.

빨래하는 날

빨래하는 날. 이슬에 젖은 홑이불은 방망이로 두들기고 발로 밟고 풀을 한다.

내 기억이 맞는다면, 빨래하는 날은 목요일이었고, 우리집에는 그 일을 해주러 "목요일"의 아줌마가 왔다. 우리는 그분이 없을 때 "계난이" 혹은 "캡틴 계난"이라고 불렀다! 정말 다정한 아줌마였는데, (요리사) 옥순이와 (정원사) 아저씨 다음으로 실질적으로 우리 가족의 일원이었다. 빨래는 꽤나 큰 일이었다. 일주일에 한 번인 데다, 아이들 모두의 옷, 부모님 옷을 커다란 대나무 빨래 바구니에 담아놓았다가 온전히 손빨래를 했다. 한국 아주머니들은 강이나 냇물에서 나무 방망이와 빨래판을 써서 빨래를 했다. 물론, 우리 빨래는 조금 더 복잡했다. 빨래를 하는 금속 통(그 다음에는 정말 초보적인 아주 구식의 수동식 "세탁기"가 있었다. 그 단어는 정말로 희망사항을 담은 것이었다!), 그리고 집에서 맨 빨랫줄이 있었다. 나는 세탁과 관련된 힘든 일은 전혀 생각하지 않았다. 그저 목요일마다 빨래가 되어져 우리 앞에 펼쳐져 있었다.

외줄 그네

호두나무에 매달아 준 외줄 그네를 잘도 탔지.

우리집 뒷마당이 보이는 언덕 위에 아주, 아주 커다란 나무가 있었다. 타고 오르기에 더할 나위 없이 좋은 장소에 있었다. 언젠가 우리가 그 나무에 짧은 나무 판자를 고정시키고 밧줄을 늘어뜨렸다. 그 나무…우리는 팽나무라고 불렀던 그 나무가 우리가 따먹었던 열매 외에도 끝없는 즐거움을 주었다. 언젠가, 우리 형 하나가 외줄 그네에 앉는 것으로는 충분치 않다고 판단했다. 그래서 형은 (어떤 형인지 알 것 같은데 기억이 약간 희미해서 실수한 사람의 이름을 직접 언급하지 않으려 한다.) 의자처럼 생긴 장치를 그네에 매달았다. 그리고는 자연스럽게 동생인 나를 불러 시험삼아 앉아보게 했다. 나는 신이 나서 그네에 올랐고, 형이 밀어주었다…

그리고 그 다음에 기억나는 것은 몽롱한 상태에서 집으로 기어들어가던 일과 의자가 헐거워져서 분리되면서 내가 바닥에 고꾸라졌던 일이다. 아마도 3미터 넘게 굴렀을 것이다. 팽나무는 이 그림에 보이는 것과 똑같았다. 크고, 단단하고, 우람했다. 뒤에서 엿보고 있는 고양이는 우리의 검은 "새끼 고양이"였다. 우리는 그 고양이에게 실제 다른 이름을 지어주지 않은 것 같다. 또, 우리 갈색 개 "빙고"는 내 기억에 너무나 충실하고 다정했다. 거위는…음, 무서웠다. (거위이니까 당연히) 마당을 돌아다니며 꽥꽥거리고, 사람들이 피해가고 싶은 초록색 똥을 싸놓았다. 그러다가, 가끔씩 기분이 나쁘면 목을 빳빳이 들고, 땅 쪽으로 부리를 내리고는, 사람을 향해 돌격했다. 그때는 돌아서서 도망가야 했다. 짓궂게 쪼아대기로 작정을 하면 느긋이 다가오지 않았다. 나도 녀석에게 물린 적이 있는 것 같다.

뉴스마 하우스 (유수만 선교사 사택)

원목사네 집 옥순이 이모는 고허번 원장이 방글라데시로 간뒤 이곳에서 일했다. 나도 가끔 자고 가곤 했다.

오래된 원래 회색 벽돌집 외에도, 수년간 선교 단지에 새롭게 지어진 집과 아파트들이 있었다. 한 채는 납작 지붕의 붉은 벽돌집으로, 딕 뉴스마 가족, 존 언더우드 가족이 살았고, 나중에는 우리 부모님이 방글라데시의 다카의 빈민가와 난민촌에서 일하려고 떠나기 전, 한국에서 마지막 한 해(1974년)를 그곳에서 살았다. 부모님은 그 집에서 나와야 했고 (내 입장에서는 슬프게도) 곧이어 그 자리에 새롭게 신학대학을 설립해야 해서 집은 철거되었다. 고맙게도, 우리가 가장 좋아했던 오래된 은행나무는 (어쨌든 나에게는) 기념물로 여전히 그 자리에 서 있기에 나는 항상 광주에 갈 때마다 어김없이 찾아간다. 뉴스마 하우스는 여전히 그 자리에 보존되어 좋은 B&B 숙소로 바뀌어서 아내와 함께 거기에 여러 번 머물렀다. 뉴스마 하우스 아주 가까운 곳에는 아직도 내 어린시절에 있던 것으로 기억하는 호랑가시나무가 살아 있다. 그 당시에 내가 몰랐던 점이 지금은 특별한 표지판이 있어 확인된다. 그 나무가 약 400살이나 되었다는 사실이다!

미화와 덩굴

타잔 소녀 칡덩굴을 타고 날다가 끊어짐. 그루터기에 입술이 찢어져서 언챙이라고 놀림받았다.

때로는 숲에서, 덩굴식물이 자라나서 다양한 나무를 타고 올라가 늘어졌다. 자연스럽게 아이들은 타잔처럼 놀고 싶어서 덩굴을 붙잡고 휙휙 움직였다. 미화가 덩굴을 붙들고 휙 움직이려다 덩굴이 끊어져서 꽤 큰 사고를 당한 일을 추억한 듯하다. 당연히 빙고가 곁에 있었는데 분명 미화가 장난하는 줄 알았을 것이다.

자전거

자전거를 타는 사람들. 고 허번 원장은 새벽 전도. 정자는 짐자전거로 소년 체전 동메달. 울 아버지는 깔끄막길에도 나를 태우고 다니셨다.

내가 한국에 있을 당시에는 사람들이 많이 걸어서 다녔고, 자전거가 일반적인 교통수단이었다. 내가 주로 기억하는 자전거는 우리 정원사 아저씨가 장을 보러 시내에 갈 때 타던 자전거와 아버지의 자전거이다. 아버지는 아침식사 직후 5-6분을 걸어서 언덕 아래 병원으로 출근하셨지만, 그보다 훨씬 전에 새벽같이 자전거를 타고 자전거 앞에 달린 바구니에 "요한복음"을 싣고는 시내로 가서 요한복음을 최대한 많이 나누어주셨다(그림에서 푸른 셔츠를 입고 외국인 답게 코가 큰 사람이 아버지). 그것이 내가 아버지에 대해 가진 잊지 못할 추억이며, 나 또한 (자전거만 빼고) 오늘날까지 복음서를 배포하고 있다.

평상

등나무 아래 대나무 평상에서 별을 보다 모기밥도 되었다. 초저녁에 잠이 들면 새벽 한기에 방으로 들어갔다.

그 당시에는, 한국인 가정에 흔히 평상을 두었다. 따스한 여름날 저녁, 가족들이 평상에 모여 그 위에서 쉬고 놀았다. 심지어 요즘에도 간간이 평상을 볼 수 있다. 우리집에는 평상이 없었지만, 어디든 있었기에 친숙했다. 특히 나이 드신 아저씨들이 무더운 여름날 시골에서 목침을 베고 평상 위에 누워 있던 모습이 생각난다. 그리고 미화가 평상 위에 큰 대자로 누워 있을 때 우리 거위가 미화의 복숭아를 훔쳐 먹은 적이 있는 것 같다!

동굴

굴속에서 밥을 지어 먹다.

우리가 1950, 60, 70년대에 한국에서 성장하면서 흥미로운 측면은 한국전쟁이 끝난 후 오랜 시간이 흐른 시점이 아니라는 사실이었다. 시내의 시장에서는, 미군이 전쟁이 끝나고 떠나면서 남기고 간 잉여 물품들이 팔렸다. 돌아다니면 텐트, 슬리핑백, 군용 재킷, 모자, 물통, 조리도구, 탄약상자 등의 다양한 물건을 어디선가 발견할 수 있었다. 가끔은 북한군이나 간첩이 산에서 잡혔다는 말까지 들었다. 외딴 산악지역에서는 군인들이 파놓은 참호와 탄피를 발견하기도 했다. 그런 것은 나도 한두 번 본 적이 있다. 그리고 동굴도 있었다. 우리가 살던 곳 주변 산비탈에 파놓은 동굴들이 기억난다. 우리는 식물의 뿌리나 거미줄이 매달린 그런 곳에 올라가 소꿉놀이를 하고 게임을 하거나, 작은 모닥불도 피웠다. 그 당시에 우리가 이런 동굴들이 한국전쟁 때 군인들이 남긴 것이라는 생각을 했는지는 확실치 않다. 우리에게는 그저 놀기 좋은 재미난 장소였기 때문이다.

놀이

우리들의 놀이들....

온라인이나 텔레비전으로 볼 오락거리가 없던 때에, 재밌게 노는 것은 전적으로 우리가 하기 나름이어서, 밖에서 노는 일이 가장 흔했다. 아주 많은 놀이를 했다. 숨바꼭질, 고무줄, 땅 따먹기 (바닷가 모래밭에서 사각형을 여러 개 그려놓고 하는 것이 가장 좋았다), 구슬치기, 연날리기, 팽이치기, 줄다리기, 그리고 내가 가장 좋아했던 "몬 세이 코코(mon say koko)"를 했다. "깃발 뺏기" 같은 놀이였다. "몬 세이 코코"라는 이름이 대체 어디서 나온 것인지는 알아내지 못했다. 한국인들에게도 항상 하는 구슬치기 놀이가 있었는데, 구슬을 따는 놀이였다. 적어도 외국인 아이들과는 그런 구슬치기를 했다. 그리고 우리 외국 아이들은 예리하게 목표물을 맞추는 한국 아이들 솜씨를 당해내지 못했다. 한국 아이들의 주머니가 우리 구슬로 금방 찼을 게 분명하다! 내가 이길 수 있었던 것은 그저 다른 선교사집 아이들이었고, 당시의 대다수 남자아이들이 나보다 어려서 대개 이겼던 것 같다. 4학년때 안식년 휴가에서 돌아오면서, 우리가 미국 횡단 시에 주유소에서 가져온 빨간색 로이 탠(Roi Tan) 시가 상자를 들고 온 것이 생각난다. 내가 구슬치기에서 선교사집 친구들을 이기면서 전리품을 그 상자 안에 보관하다 보니 구슬이 592개가 되었다. 나는 지금까지도 자랑스럽게 592라는 숫자와 '1967년 3월 13일' 날짜가 적힌 그 상자를 가지고 있다. 그러다가 어느 날 내가 구슬치기 할 때 공격용으로 쓰던 구슬이 딱 절반으로 갈라졌을 때 승리의 나날이 막을 내렸다. 그건 정말 좋은 구슬이었다.

과일

피칸호도, 독호도는 선교사들이 가져온 나무들이다.

가을은 아마도 한국에서 가장 좋은 계절이었을 것이다. 비록 학교에서 해방되는 여름이 굉장히 좋고 신났지만! 일년 내내 과일과 농산물이 나는 게 아니어서 우리는 연중 어느 때에 어떤 음식이 제철이고 즐길 수 있는지 정확히 알고 있었다. 우리 정원사 아저씨가 넓게 펼쳐진 딸기밭을 가꾸었고, 나는 여름날 아침 일찍 나가서 맛있는 딸기를 한 그릇 가득 땄다. 복숭아, 사과, 과즙 많고 커다란 아시아 배 (와, 정말 맛있었다…), 수박, 블랙베리(우리 밭이 있었다), 호두, 피칸, 밤, 감 나무들이 있었다. 그 나무들은 분명 앞서 한국에 온 선교사들이 심었을 것이다. 모두 너무 맛있었다. 어떤 때는 그 열매들을 한국 아이들보다 빨리 따야 했다. 분명히 그 아이들도 과일에 눈독을 들이고 있었으니까. 그 과일과 견과류는 정말, 정말 맛있었다. 게다가 특정한 식품이 익어서 딱 먹기 좋을 때를 일년 내내 기다려야 했다는 사실 때문에 더욱 특별했다.

단풍나무

은단풍 프로펠라를 아시나요? 양림동 뒷동산...우리는 이렇게 불렀다...에는 은단풍 나무가 많았다. 요맘때면 씨가 떨어지는데 올챙이 모양으로 프로펠라처럼 빙글거리면서 떨어진다. 어느날 이 프로펠라를 수출을 한다면서 사러온 사람들이 있었다. 엄마랑 나랑 열심히 모아서 팔았던 기억이 난다.

가을이면, 주변의 단풍나무들이 (우리 식으로 말하자면) 흩날리는 헬리콥터를 잔뜩 떨구었다. 단풍잎은 둥글게 공중에서 맴돌며 땅으로 떨어졌다. 우리는 그것이 엄청 재미있었지만 이것도 갈퀴로 낙엽을 모아 치워야 했던 사람들에게는 큰 일거리가 되었다.

불

불을 내다. 어른들이 불을 끄셨다. 그뒤로 혼날까봐 엉금엉금 기었다.

여러 해 뒤, 우리가 중국에 살 때, 소수민족 중에는 실제로 불을 숭배하는 사람들이 있었다. 그들은 일년에 한 번 “횃불 축제”를 했다. 그때는 모두가 나와서 저녁에 실제로 커다란 횃불을 들고 시내를 행진한다. (우리 십대 아들들은 그 행사를 무척 좋아했다!) 그러나 내가 어릴 때 한국에서도 유사한 놀이가 있었다. 가을 어느 날 우리는 양철 깡통을 구해 그 안에 구멍을 뚫고, 나무를 태워 만든 숯을 채웠다. 깡통에는 긴 금속 손잡이를 달아서 어둠 속에서 머리 위로 깡통을 휘둘렀다. 바라건대 다른 곳에 불이 붙지는 않기를…하지만 때로는 깡통에서 튀어나온 불꽃에서 불이 시작되기도 했다. 어떤 때는 산비탈에 재미로 불을 붙이기도 했다. 소방 법규 같은 것은 아랑곳하지 않고! 당연하게도, 때로는 손을 쓰지 못하는 상황이 될 수도 있었다. 언제 한 번은, 불이 완전히 통제 불능으로 보여서 잠깐 공포에 질린 기억도 난다. 그렇지만 우리는 결국 불을 잡았다. 아, 좋았던 옛날이여!

눈

양림동에는 교회가 세 개나 있었다. 웃교회, 아랫교회 그리고 나중에 생긴 은성교회. 나는 웃교회를 다녔다. 5.18 민주화의 성지. 100 년이 넘은 교회.... 선교사들은 아랫교회를 다녔다.

입술과 손이 트고 볼은 차가워도, 겨울에는 나름의 기쁨과 즐거움이 있었다. 산으로 둘러싸인 곳이라 스키와 썰매를 타고 눈싸움을 할 기회가 많았다. 기억은 안 나지만 미화의 그림으로 판단하자면, 여자들이 나와서 얼어붙은 언덕에 연탄재를 뿌렸던 것 같다. 확실히 좁은 길과 미끄러운 도로에 연탄재를 뿌렸다. 스키는 대나무로 만들어서 비탈을 질주하면서 애써 균형을 잡았다. 일부 선교사들 집에는 미국에서 사온 세련된 썰매가 있었다. 우리 집에서는 아버지가 목수를 고용해서 만들어주셨다. 그 사람이 아무것도 없는 데서 시작하여 (아버지가 대략 그린 스케치만 가지고) 잘 만들었고, 멀리서 보면 괜찮아 보였지만, 구조적으로 그 썰매는 올림픽 메달은 딸 수 없는 물건이었다. 문제는 거기에 조작하기 쉬운 철제 날이 없었다는 것이다. 그래서 우리는 장애물을 피해 방향을 조정하지 못하여 불편하게 너무도 많이 부딪쳤다…게다가 별로 신나게 타지도 못한 다음 다시 들고 언덕을 올라가기에도 썰매가 너무 무거웠다. 그 썰매를 어떻게 했는지 기억이 나지 않지만, 결국 어디 두었든지 우리가 오래도록 아쉬워하지 않았던 것은 분명하다.

크리스마스 트리

양림동은 축제중

크리스마스는 대단한 절기였다. 아버지는 커다란 소나무를 파서 끌고 와서 우리집 마당에 심었다. 엄마와 나머지 가족들은 그 나무를 최선을 다해 꾸몄다. 색색의 공, 반짝이 장식 줄, 그 외에도 구할 수 있는 온갖 것들이 트리에 올려지고 맨 꼭대기에는 항상 별을 달았다. 그게 상당히 중요해 보였다. 가장자리에 흰색 줄이 있는 아이들 각자의 초록색 양말이 식당의 벽난로 선반에 걸렸다. 그리고 우리의 작은 선교사 초등학교(KAS)에서는 항상 크리스마스 연극이나 행사를 했다. 베스 디트릭 아주머니가 열정적으로 행사를 주도하고, 우리 아이들은 적절한 의상을 입고 대사는 반쯤 외운 채 느릿느릿 따라갔다. 크리스마스날, 아주 이른 아침이면 아이들은 산타가 우리 몰래 무슨 선물을 남겼는지 보려고 살그머니 거실로 내려갔다. 가장 좋은 선물은 아버지가 주시는 것은 아니고(아버지는 우산을 하나씩 준다든지, 여러 사람에게 똑같이 주기 알맞은 선물을 생각해내는 경향이 있었다), 그보다는 미국에 계신 조부모님이 보내주셨다. 여기에는 최신 장난감이나 보드게임, 특별히 필요한 옷 등이 있었다. (그분들이 어떻게 우리 사이즈와 기호를 정확히 아셨는지 이해가 되지 않지만, 꼭 맞는 선물을 아시는 것 같았다.) 그리고 아버지는 집에서 일하는 한국인들에게 줄 돈 봉투를 정성껏 크리스마스 트리 가지에 올려두었다. 크리스마스 당일 이른 아침에는, 아버지가 설립을 도왔던 시설에서 고아와 거리의 아이들이 우리집 마당으로 와서 크리스마스 캐롤을 불러주었다. 캐롤이 영어에서 번안한 곡들이어서 아이들이 한국어로 불러도 우리는 무슨 곡인지 알아들었다. 아이들이 노래를 마치면, 아버지는 그 아이들을 모두 우리 거실로 초대해서 핫초코와 감을 대접하곤 했다. 아이들의 얼굴이 기쁨으로 환하게 밝아졌다! 소년들을 돌보았던 남자는 한때는 그 자신이 노숙인이었으나 아버지가 데려다 남자아이들 돌보는 일을 맡겼다.

동물 농장 언덕

집으로 가는 길은 험난 했다. 깐깐한 수위실 박집사님 허목사네 올라가는 길은 자갈길이라 가끔 출현하는 뱀 허목사네 커다란 포인터...녀석은 눙에 진드기가 붙어서 더 무서웠다. 다음은 굴옆 두꺼비 산소 지나면 고원장네 집 싸나운 시바견 빙고 대가리 쳐들고 따라오는 때까우 발톱을 세우는 고양이 끼리끼리(키티를 이렇게 부름) 겨우 오면 우리집엔 세파트 카피와 흰염소 세마리가 있었다.

우리가 기르던 동물들, 야생 동물, 야생에 가깝고 위험한 동물들이 있어서, 낯선 사람들은 우리집 마당에 조심스럽게 겁을 내며 들어섰다. 우리 옆집에 살던 친구 미화는(내 동생 필립의 좋은 친구)는 학교에서 돌아올 때 개에게 물리거나, 거위한테 쪼이거나, 뱀에게 물리고 고양이에게 긁히거나, 아니면 두꺼비가 철썩 달라붙는 일을 피하기 바라면서 우리 마당을 최대한 재빨리 지나가곤 했다. 그곳은 분명 통과하기 힘든, 야생 동물들이 사는 무서운 구역이었을 것이다! 그리고 확실히, 미화는 살아 있는 지뢰 같은 그 녀석들을 잘 기억하고 있다.

복숭아 과수원

고원장네 북숭아밭. 아버지는 풀을 베고 계셨다. 나는 지금도 그 풀냄새가 좋다.

우리집으로 들어오는 길을 걸어서 혹은 차를 타고 오다 보면, 왼쪽에 비탈이 있었다. 아버지가 일꾼들을 고용해서 비탈길을 계단식으로 평평하게 만들고, 각 단마다 대여섯 그루의 복숭아 나무를 심었다. 그래서 우리는 총 20 내지 30그루의 복숭아 나무가 있었던 게 틀림없다. 매년 이 나무들은 아름다운 꽃을 피우고, 곧이어 과일들이 기적같이 나타나 자랄 신호를 보여주었다. 아버지는 도보나 자전거로 병원이나 시내에 다녀오시면서 우리 집으로 향하는 그 길에서 꽃이 피는 것과 장차 나타날 과일을 예상하며 즐거워하셨다. 얼마 지나지 않아 나무에는 복숭아가 주렁주렁 매달렸다. 그러면 우리 정원사가 신문지로 만든 봉지로 열매를 하나하나 정성껏 감싸 곤충들이 오지 못하게 막았다. 사람들은 우리가 그 다음에 몇 달 동안 복숭아를 실컷 먹었을 거라 생각할 것이다. 사실대로 말하자면, 한 개도 먹은 기억이 없다. 내 생각에는 한국인 남자아이들이 나무를 눈여겨보다가 과일을 수확할 때가 언제인지 알아채고는 우리가 복숭아를 따기 며칠 전에 밤에 몰래 와서 실컷 먹었을 것이다. 그렇지만 아버지는 과일이 있든 없든 여전히 그 나무들을 아끼고 즐겁게 보시는 것 같았다. 세월이 지나 내가 이사를 다니며 우리집 마당에 감나무, 밤나무 등등을 심고 그 나무들이 우리에게 먹을 것을 주거나 말거나 그저 자라는 것을 즐겁게 바라볼 때 나 역시 그런 마음이었다. 어쨌든 우리는 실제로 맛있는 복숭아를 먹었다. 하지만 그 복숭아는 선물로 들어오거나 시장에서 산 것이었다. 나무 상자에 짚을 깔고 담아와서 상자는 나중에는 우리가 기르는 토끼들의 보금자리로 쓰기 딱 알맞았다.

묘지

선교사 묘역.

일제 강점기 이후 광주, 전남에서 한센병 치유 공동체, 결핵 치유 공동체, 반민구제 공동체를 통한 희생, 나눔의 삶의 실천과 근대정신, 문화를 보급한 미국 남장로교 선교사들의 전용 집단묘역 (22기) 으로 세계 유일무함. 배유지, 구보라(Paul Sacket Crane), 오기원, 부란도, 서서평, 마가렛 벨, Woods Coit, Cecil Coit, 유애나, 엄안라, 원대마, Mrs. Harriet Knox Oddson Miss Ruth, Mrs. Kathryn Newman,Gilmer, Philip Toland Codington, Miss Gertrude Chapman, Mrs.Cora Smith Ross, Mrs. Amelia Janet Emerson. 등임. 어린 시절 나의 놀이터였다. 키가 얼마나 작았는지 저 비석위를 못올라가고 탱자나 따먹고 놀았다. 저렇게 낮은 것을....

우리집 정원에서 한참 올라가서, 선교단지의 꼭대기로 가면 선교사 묘지가 있었고, 지금도 그대로 있다. 사역하는 중에 세상을 떠난 여러 선교사들의 묘비가 서 있다. 지금이라면 쉽게 예방할 수 있는 질병으로 떠난 이들이었고, 일부는 한국 선교사로서 친숙한 이름들이며(벨, 크레인, 오웬…), 일부는 내가 실제로 알지 못하는 이들이다. 대체 누가 그들을 기억해주었을까? 그리고 거기에는 우리 가족의 막내, 내 동생의 무덤도 있다. 그 아이는 1967년에 일곱 살 생일을 앞두고 대천 해수욕장에서 익사했다. 그 무더운 여름날 우리 모두 함께 있었기에 그 날은 내 기억 속에 영원히 남아 있을 것이다. 동생은 깊은 바다로 휩쓸려간 다음 어부들이 시신을 건져냈다. 또 잊지 못할 것은 (우리 초등학교 건물이기도 했던) 유진 벨 기념교회에서 장례 예배를 마치고 선교사들과 한국인 친구들이 동생의 관을 묻기 위해 묘지까지 줄을 지어 조용하고 엄숙하게 걸어 올라갔던 장면이다. 묘지의 어떤 비석들을 보면 혼란스러웠다. 이를테면 "그녀는 자신이 할 수 있는 일을 했다." 라고 간단한 설명이 적힌 젊은 여성의 묘비 같은 것이다. 나는 그녀가 무슨 일을 했는지, 어떤 사람이었는지, 미국에 있는 가족은 20대에 세상을 떠난 이 여성을 여전히 그리워하는지, 혹시나 기억하는 사람이 아무도 없는 건 아닌지 궁금했다. 그리고 어떤 비석들은 우리에게 아주 유용했다. 길고 매끄러운 검은색 비석이 고정된 자리에서 밀려나 약간 뒤로 기울어진 경우…우리가 작은 미끄럼틀로 사용하기에 딱 좋았다. 우리는 으스스하다는 생각은 전혀 안 하고 묘비들 사이에서 캠핑을 하곤 했다. 게다가 그 기념물들 사이를 뛰어다니며 일종의 잡기 놀이를 즐겼다. 아직도 기억나는 추억은 여덟 명에서 열 명 정도 아이들이 저녁에 그곳에 가서, 버려진 대형 군용 텐트를 치고 밤을 보내려고 했던 일이다. 날이 어두워지고 여전히 몇몇 아이들이 텐트의 받침줄을 가지고 씨름하고 있을 때 내가 어둠속에 텐트 곁을 지나다가 줄 하나에 걸려 넘어져서 텐트 전체가 쓰러졌다. 날은 어둡고 혼란스러운 상태에서, 고맙게도 아무도 나를 알아보지 못하고 무슨 일이 벌어진 건지 알아채지 못했다. 그리고 당연히 나는 아이들 전부에게 원망을 듣지 않으려고 신중하게 입을 꾹 다물었다. 결국 모두 실망한 채 터덜터덜 언덕을 내려와 집으로 갔다. 하지만 나는 적어도 문제의 근원을 아무도 모르고 야단을 맞지 않고 지나가서 무척 안심했다.

야외 영화관

커티스 메모리얼홀 (배유지 기념 예배당)은 선교사의 저학년 아이들의 학교였다. 세멘으로 만든 작은 운동장에서 신발위에 묶는 로라스케이트를 타곤 했다. 여름밤 가끔은 만화 영화 상영도 했다. 미키 마우스나 톰과 제리, 딱따구리.... 으헤헤헷....아직도 쟁쟁하다.

실제로 야외 영화 상영이 자주 있었는지 아닌지 기억이 나지 않는다. 확실히 기억하는 것은 때때로 우리가 낡은 랜드로버 차를 타고 2-3킬로미터 거리의 비포장 도로를 덜컹거리며 달려서 미군기지(KMAG)에 가면, 모두 딱딱한 강당 바닥에 모여 앉아 흥미진진한 디즈니 영화를 봤다는 것이다. 처음에는 재미있는 벅스 버니나 뽀빠이 만화를 보여주었다. 그런 일이 내가 어린시절에 대해 간직한 멋진 추억이다. 특히 우리는 스스로 만들어 노는 것 외에는, 텔레비전도 없고 인터넷이나 기타 좋은 오락거리가 없었기 때문에 영화가 더욱 인상적이었다. 언젠가는 롤러 스케이트도 탔다. 적어도 한두 집 운이 좋은 가정에서 롤러스케이트를 가지고 있었다. 내가 타봤는지는 기억나지 않는다. 스케이트 바퀴를 우리 신발에 부착해야 했기 때문에 어쨌거나 힘들었을 것이다. 훌렁거리는 고무신에 바퀴를 어떻게 묶었겠나 방법을 몰랐을 것이다. 더욱이, 길이 흙길이고 포장된 인도가 없었다. 실제로, 초등학교 선생님 한 분은 당시에 내가 읽기 수업 시간에 방금 읽은 내용 중 "sidewalk(인도/포장된 도로)"가 무엇인지 질문했다고 나중에 회상했다. 나는 인도를 본 적이 없어서 무엇인지도 몰랐다.

김장

김장하는 날.

뜨거운 한여름 더위가 마침내 잦아들고, 마치 갑자기 스위치라도 올린 듯이 한국 여성들이 모두 김치 만드는 도구들과 옹기를 꺼내고, 발목까지 오는 긴치마를 끌어올리고 마당에 앉아서 다가올 겨울철을 준비하는 연중 행사를 아주 열심히 진행했다. 밭에서 배추를 뽑아오고 붉은 고추를 준비해서 한국인이 일년 내내 먹는 (지금까지 전 세계적으로 알려진) 김치를 만드는 것이다. 김장은 하루 세끼 밥과 함께 겨우내 먹을 거리였다.

탁구

효순이네 마당에 탁구다이가 놓였다. 이 에리사, 정현숙의 사라예보 우승의 여파일 것이다.

모든 한국인들처럼 우리도 탁구를 좋아했다. (당시는 '핑퐁'이라 했고 '테이블 테니스'라는 말은 훨씬 나중에 진지한 대회나 토너먼트 게임에서 알게 되었다.) 탁구채와 공은 시내의 스포츠용품점에서 언제든 구할 수 있었다. 넓은 현관 포치에 설치한 우리집 탁구대는 폭이 좁았으며(딱 보아도 "싱글" 경기용 탁구대였다!) 오래된 문으로 만들었다. "필요는 발명의 어머니"라는 말은 누가 했던가? 당시 한국 아이들은 나이 불문하고 여름이든 겨울이든 비가 오나 눈이 오나 고무신을 신었다. 그런데 우리가 좋아하던 구슬치기와 마찬가지로 한국 아이들은 탁구도 잘했다…외국인 아이들은 완패하지 않으려면 한국 아이들과 탁구를 하지 않는 게 현명했다.

수영장

사직공원 가시 철망 뒤로는 풀장이 있었다.

실제로 수영장이 어디 있었는지 기억이 안 나지만(아마 시내의 YMCA에 있었을 것이다), 수영장이 분명 우리집에서 가까웠다. 당시 한국에서는 이런 시설이 많지 않아서 수영장이 사람들로 그득하게 차 있는 편이었다. 하지만 나는 수영을 그다지 좋아한 적이 없어서, 수영장이 잘 기억나지는 않는다. 그렇지만 미화는 분명 수영을 즐겼을 것이다. 저 빨간 수영복 입은 아이가 미화이고, 어머니나 다른 친구 때문에 물에 뛰어들게 된다. 심지어 우리가 해변에서 시간을 보낼 때도 나는 물을 좀 무서워해서 모래를 파거나 쌓아 올리며 시간 보내기를 더 좋아했다.

고아원

계명여사...조 아라 여사가 만든 곳. 윤락가 여성들을 데려다가 기숙시키면서 기술 교육을 하던 곳. 엄마랑 친하셔서 수시로 가던 곳이다. 지금은 YWCA, 조아라 여사 기념관. 그 옆 운동장에서는 연식 정구볼로 '하루볼' 이라는 '소프트 베이스볼'을 우리 나름 하면서 놀기도 했다. 뒷편에는 목장이 있어서 우유...그야말로 소젖을 먹기도 했다.

선교단지를 막 벗어나면, 우리집 뒤 작은 골짜기에 고아원이 있었다. 인근의 병원, 학교, 교회처럼 여러 기관들과 마찬가지로 원래는 선교사들이 시작한 시설로 보인다. 엄마와 다른 선교사 부인들이 간간이 가서 거기 아이들을 돌보았고, 때로는 우리 같은 아이들도 가서 그 아이들과 놀았다. 그리고 늘 그렇듯이, 그 아이들은 우리를 불러 함께 구슬치기를 하게 되면 우리를 완전히 박살냈다.

영어 발음

R과 L의 차이를 선교사에게 배우다.

여러 해 뒤에 우리가 중국에 살 때 나는 중국인들이 대부분의 영어 발음을 쉽게 하는 것을 보고 놀랐다. 이유는 한국인들의 발음에 익숙했기 때문이다. (한국어의 많은 부분이 중국 한자에서 유래했지만) 한국인들은 일부 영어 발음을 무척 힘들어했다. 예를 들어 "L"을 보자면, 한마디로 제대로 발음하지 못했다. 어떤 경우는 "R"에 문제가 있었다. 사실, 한국인들은 "L"과 "R"에 대해서 마치 "D"발음을 굴릴 때 나는 듯한 소리를 사용하여 매우 비슷하게 발음했다.

내 이름 '루이스'를 제대로 발음하지 못했다. 한국식으로 발음하면 내 이름은 '두 이 스"같이 들렸다. 때로는 나를 그냥 '미국' 혹은 우리 요리사가 농담식으로 부르듯이 "USA"라고 했다. 물론, "TH" 발음과 다른 몇몇 발음도 어려웠다. 중국에서 영어를 가르치기 전에는 나는 영어가 어렵다는 생각을 해보지 못했다. 그러다가 영어가 굉장히 난해한 언어라는 것을 발견했다. 예를 들면, 우리가 GH를 (tough, dough, thought에서처럼) 다르게 발음하는 방식과 이유를 어떻게 설명하겠는가?

결혼식

파란눈의 신부와 결혼식을 한 철이 오빠, 울 오빠랑 절친. 축제였었지.

결혼식은 그 옛날에 정말, 정말 대단한 행사였다. 결혼식은 두 사람 사이의 짧은 예식이라기보다 마치 성경에 나오는 시대처럼, 동네 전체의 잔치였다. 모두가 인생의 중요한 날을 축하하러 왔다. 풍성한 음식이 있고, 선물도 나누었다. 손님들은 모두 결혼하는 부부에게서 선물을 받았다. 그래서 젊은 한 쌍이 결혼 계획을 세우면, 잔치 비용이 실제로 큰 문제였다. 대체로 거금을 빌리거나…비용을 감당할 수 있을 때까지 예식을 연기해야 했다. 한국인이 서구에서 온 사람과 결혼하는 경우, 결혼식은 특별한 문화적 혼합의 장이 되었다.

Memory

선교사들과 한국 근무자들
원안: 아버지 조판용

카딩턴가족

카딩턴가족

카딩턴 집

결혼식 주인공
신랑 홍철 친구 오빠 현석

미국 가족사진

대천수양관 선교사 가족들

대천수양관

카딩턴 뜰

광주양림동 70년대 모습

은퇴후 카딩턴 부부

루이스가족 9남매

중국선교사 시절.

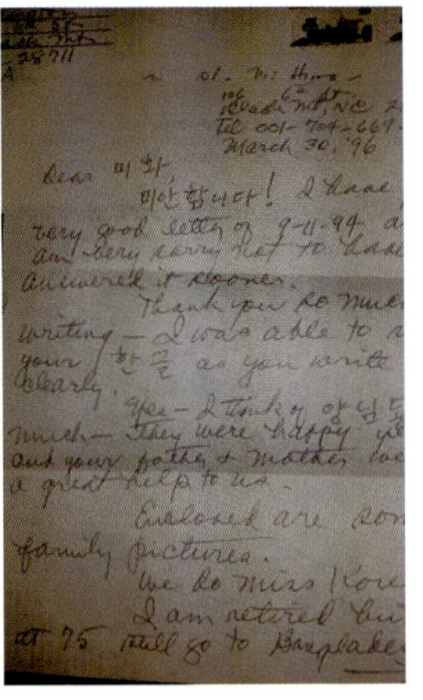

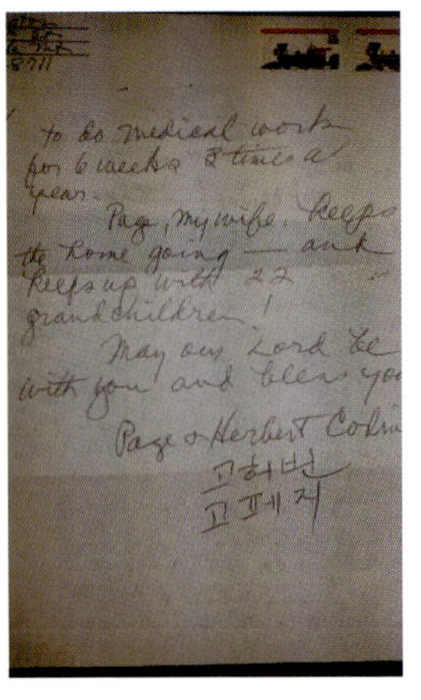
to do medical work
for 6 weeks 2 times a
year.
Page, my wife, keeps
the home going — and
keeps up with 22
grandchildren!
May our Lord be
with you and bless you
Page & Herbert Codin
고허벋
고페지

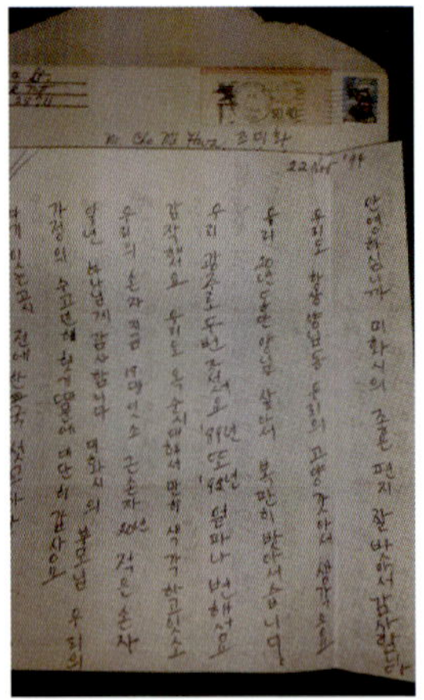

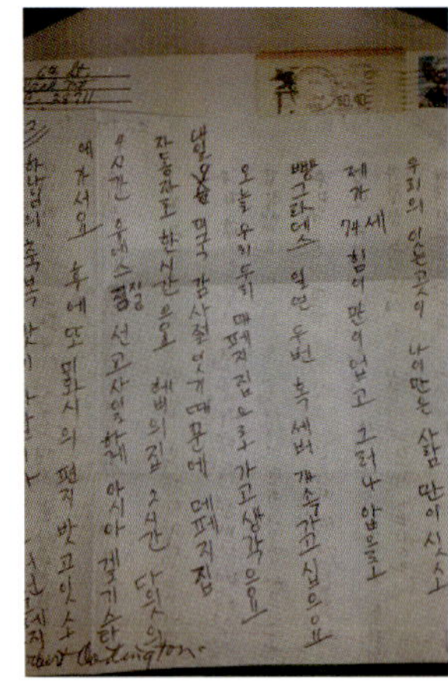

카딩턴의 답장

Codington Family
left to right –
David, Mary Page's Husband,
Mary Page, Mrs. Codington,
Herb, his wife, Lewis' wife,
Lewis

카딩턴 편지

크리스마스 씰

우표들

광주에서 전시 후에

이태원에서

혜화동에서

대천별장

대천해수욕장

이태원

대천에서

포항 구룡포

광주 데이지

루이스 가족

대천 언더우드 별장

카딩턴 별장

대천수양관 도서관에서 60년대
대출기록을 보고있는 루이스

선물

미국 장남 허비

서울 마지막 일정

미국

테네시에서

미국 가족들

허비와 루이스

허비 / 루이스 / 메페지

카딩톤 집 앞에서

카딩톤 집 앞에서

카딩턴 막내아들 필립 1960~1967

선교사부인과 엄마 나

헌틀리 목사 집앞

피칸호두

맺음말

자 이렇게 1960년대 한국의 한 모퉁이에서 보였던 삶의 모습을 짧고 빠르게 살펴보았다. 당시는 한국전쟁이 끝난 직후라서 한국은 세계 최빈국 가운데 하나였다. 모기와 쥐들이 함께 살다시피 하고, 에어컨도 없고 겨울의 난방도 부족했지만 어릴 적 나에게는 그곳이 천국과 아주 가까운 곳 같았다…

미화야, 그 모든 기억을 돌려주어서 고마워!

양님을 그리워 하다-어느 여행자의 어린시절

글 조미화 | **발행인** 김윤태 | **발행처** 도서출판 선 | 표지, **본문디자인** 조미화 |
등록번호 제15-201호 | **등록일자** 1995년 3월 27일 | **초판 1쇄 발행** 2022년 9월 5일
주소 서울시 종로구 삼일대로30길 23 비즈웰 427호 | **전화** 02-762-3335 |
전송 02-762-3371

값 20,000원
ISBN 978-89-6312-621-0 03810